全国人民代表大会常务委员会公报版

中华人民共和国各级人民代表大会常务委员会监督法

(最新修正本)

中国民主法制出版社

图书在版编目（CIP）数据

中华人民共和国各级人民代表大会常务委员会监督法：最新修正本/全国人大常委会办公厅供稿.—北京：中国民主法制出版社，2024.11.—ISBN 978-7-5162-3792-2

Ⅰ.D921.11

中国国家版本馆 CIP 数据核字第 2024P9M660 号

书名/中华人民共和国各级人民代表大会常务委员会监督法

出版·发行/中国民主法制出版社
地址/北京市丰台区右安门外玉林里 7 号（100069）
电话/（010）63055259（总编室） 63058068 63057714（营销中心）
传真/（010）63055259
http://www.npcpub.com
E-mail:mzfz@npcpub.com
经销/新华书店
开本/32 开 850 毫米×1168 毫米
印张/2   字数/31 千字
版本/2024 年 11 月第 1 版 2024 年 11 月第 1 次印刷
印刷/三河市宏图印务有限公司

书号/ISBN 978-7-5162-3792-2
定价/8.00 元
出版声明/版权所有，侵权必究。

（如有缺页或倒装，本社负责退换）

目　　录

中华人民共和国主席令（第三十九号）………… （1）

全国人民代表大会常务委员会关于修改
　《中华人民共和国各级人民代表大会
　常务委员会监督法》的决定 …………………… （3）

中华人民共和国各级人民代表大会
　常务委员会监督法 ……………………………… （15）

关于《中华人民共和国各级人民代表大会
　常务委员会监督法（修正草案）》的说明 …… （36）

全国人民代表大会宪法和法律委员会关于
　《中华人民共和国各级人民代表大会
　常务委员会监督法（修正草案）》
　审议结果的报告 ………………………………… （49）

全国人民代表大会宪法和法律委员会关于
　《全国人民代表大会常务委员会关于
　修改〈中华人民共和国各级人民代表
　大会常务委员会监督法〉的决定（草案）》
　修改意见的报告 ………………………………… （53）

中华人民共和国主席令

第三十九号

《全国人民代表大会常务委员会关于修改〈中华人民共和国各级人民代表大会常务委员会监督法〉的决定》已由中华人民共和国第十四届全国人民代表大会常务委员会第十二次会议于 2024 年 11 月 8 日通过，现予公布，自公布之日起施行。

中华人民共和国主席　习近平
2024 年 11 月 8 日

全国人民代表大会常务委员会关于修改《中华人民共和国各级人民代表大会常务委员会监督法》的决定

（2024年11月8日第十四届全国人民代表大会常务委员会第十二次会议通过）

第十四届全国人民代表大会常务委员会第十二次会议决定对《中华人民共和国各级人民代表大会常务委员会监督法》作如下修改：

一、将第一条修改为："为了保障全国人民代表大会常务委员会和县级以上地方各级人民代表大会常务委员会依法行使监督职权，坚持好、完善好、运行好人民代表大会制度，发展社会主义民主政治，推进全面依法治国，根据宪法，制定本法。"

二、将第三条改为两条，分别作为第三条、第四条，修改为：

"第三条　各级人民代表大会常务委员会行使监督职权，应当坚持中国共产党的领导，坚持以马克思列宁主义、毛泽东思想、邓小平理论、'三个代表'重要思想、科学发展观、习近平新时代中国特色社会主义思想为指导，坚持中国特色社会主义道路，确保宪法和法律、法规得到全面有效实施，确保行政权、监察权、审判权、检察权依法正确行使。

"第四条　各级人民代表大会常务委员会行使监督职权，应当围绕党和国家工作大局，以经济建设为中心，坚持改革开放，贯彻新发展理念，推动高质量发展，保障全面建设社会主义现代化国家、以中国式现代化全面推进中华民族伟大复兴。"

三、增加一条，作为第五条："全国人民代表大会常务委员会监督宪法和法律的实施，地方各级人民代表大会及其常务委员会在本行政区域内保证宪法、法律、行政法规和上级人民代表大会及其常务委员会决议的遵守和执行，维护国家法治统一、尊严、权威。"

四、将第五条改为第六条，修改为："各级人民代表大会常务委员会对本级人民政府、监察委员会、人民法院和人民检察院的工作实施监督，实行正确监督、有效监督、依法监督，促进依法行政、依法监察、公正司法。

"各级人民政府、监察委员会、人民法院和人民检察院应当严格依法行使职权、履行职责、开展工作，自觉接受本级人民代表大会常务委员会的监督。"

五、增加一条，作为第七条："各级人民代表大会常务委员会行使监督职权，应当坚持和发展全过程人民民主，尊重和保障人权，维护和促进社会公平正义。

"各级人民代表大会常务委员会应当扩大人民代表大会代表对监督工作的参与，充分发挥代表作用。"

六、将第二章章名修改为"听取和审议专项工作报告"。

七、将第八条第二款、第二十三条第一款合并，作为第九章第六十三条，修改为："各级人民代表大会常务委员会制定年度监督工作计划，加强工作统筹，综合运用听取和审议专项工作报告、执法检查、专题询问、专题调研等方式进行监督，增强监督工作的针对性、协调性、实效性。

"年度监督工作计划由委员长会议或者主任会议通过并向社会公布。

"年度监督工作计划可以根据实际需要作出适当调整。"

八、将第九条改为第十二条，增加一款，作为第三款："常务委员会根据法律规定，听取和审议本级人民政府关于环境状况和环境保护目标完成情况的报告。"

九、将第十条改为第十三条，增加一款，作为第三款："常务委员会听取和审议专项工作报告前，本级人民代表大会有关专门委员会或者常务委员会有关工作机构可以进行专题调查研究，提出报告并印发常务委员会会议。"

十、将第十三条改为第十六条，增加一款，作为第二款："委员长会议或者主任会议可以决定将报告交有关专门委员会审议。"

十一、将第十四条改为第十七条，增加一款，作为第二款："委员长会议或者主任会议可以决定将审议意见研究处理情况或者执行决议情况的报告提请常务委员会审议。必要时，常务委员会可以组织开展跟踪监督。"

十二、将第三章章名修改为"财政经济工作监督"。

十三、增加一条，作为第十八条："本法所称财政经济工作监督，是指常务委员会依法对下列事项进行监督：

"（一）审查和批准本级决算；

"（二）国民经济和社会发展五年规划纲要实施情况，国民经济和社会发展计划执行情况；

"（三）预算执行情况；

"（四）审查和批准国民经济和社会发展五年规划纲要、计划的调整方案；

"（五）审查和批准预算调整方案；

"（六）国有资产管理情况；

"（七）政府债务管理情况；

"（八）金融工作情况；

"（九）预算执行和其他财政收支的审计工作情况、审计查出问题整改情况；

"（十）财政经济领域其他重要事项。"

十四、将第十七条改为第二十二条，删去第二款、第三款。

十五、将第十八条改为第二十一条，修改为："常务委员会根据《中华人民共和国预算法》和全国人民代表大会常务委员会的有关决定，确定对决算草案和预算执行情况报告的重点审查内容。"

十六、增加三条，分别作为第二十四条、第二十五条、第二十六条：

"第二十四条　常务委员会应当对国有资产管理情况进行监督，建立健全国有资产管理情况报告制度。

"国务院和县级以上地方各级人民政府应当每年向本级人民代表大会常务委员会报告国有资产管理情况。

"第二十五条　常务委员会应当对政府债务进行监督，建立健全政府债务管理情况报告制度。

"国务院和县级以上地方各级人民政府应当每年向本级人民代表大会常务委员会报告政府债务管理情况。

"第二十六条　常务委员会应当对金融工作进行监督，建立健全金融工作情况报告制度。

"国务院应当每年向全国人民代表大会常务委员会

报告金融工作有关情况。"

十七、将第十九条改为第二十七条,增加一款,作为第二款:"常务委员会在听取和审议审计工作报告后的六个月内,听取和审议本级人民政府关于审计查出问题整改情况的报告。常务委员会认为必要时,可以对审计工作报告、审计查出问题整改情况报告作出决议。"

十八、增加一条,作为第二十八条:"常务委员会开展财政经济工作监督,可以组织开展专题调查研究,提出报告。

"专题调查研究报告印发常务委员会会议;必要时,委员长会议或者主任会议可以决定将有关专题调查研究报告提请常务委员会审议。"

十九、将第二十条改为第二十九条,修改为:"常务委员会组成人员对本章规定的有关报告的审议意见交由本级人民政府研究处理。人民政府应当将研究处理情况由其办事机构送交本级人民代表大会有关专门委员会或者常务委员会有关工作机构征求意见后,向常务委员会提出书面报告。常务委员会认为必要时,可以对有关报告作出决议;本级人民政府应当在决议规定的期限内,将执行决议的情况向常务委员会报告。

"委员长会议或者主任会议可以决定将审议意见研究处理情况或者执行决议情况的报告提请常务委员会审议。必要时,常务委员会可以组织开展跟踪监督。

"常务委员会听取的本章规定的有关报告及审议意

见，人民政府对审议意见研究处理情况或者执行决议情况的报告，向本级人民代表大会代表通报并向社会公布。"

二十、增加一条，作为第三十条："常务委员会运用现代信息技术开展联网监督，建立健全信息共享和工作贯通协调机制，提高财政经济工作监督效能。"

二十一、将第二十三条改为第三十二条，增加一款，作为第二款："执法检查前，本级人民代表大会有关专门委员会或者常务委员会有关工作机构可以对重点问题开展专题调查研究。"

二十二、将第二十五条改为第三十四条，增加两款，分别作为第二款、第三款："上级人民代表大会常务委员会根据需要，可以与下级人民代表大会常务委员会联动开展执法检查。

"有关地方人民代表大会常务委员会根据区域协调发展的需要，可以协同开展执法检查。"

二十三、增加一条，作为第三十五条："执法检查可以采取座谈会、实地检查、第三方评估、问卷调查或者抽查等形式，深入了解情况，广泛听取意见。"

二十四、将第二十七条改为第三十七条，修改为："常务委员会组成人员对执法检查报告的审议意见及执法检查报告交由本级人民政府、监察委员会、人民法院或者人民检察院研究处理。人民政府、监察委员会、人民法院或者人民检察院应当将研究处理情况由其办事机构送交本级人民代表大会有关专门委员会或者常务委员会有关工作机构征求意见后,向常务委员会提出书面报告。常务委员会认为必要时,可以对执法检查报告作出决议;本级人民政府、监察委员会、人民法院或者人民检察院应当在决议规定的期限内,将执行决议的情况向常务委员会报告。

"委员长会议或者主任会议可以决定将人民政府、监察委员会、人民法院或者人民检察院对执法检查报告及审议意见研究处理情况或者执行决议情况的报告提请常务委员会审议。必要时,常务委员会可以组织跟踪检查,也可以委托本级人民代表大会有关专门委员会或者常务委员会有关工作机构组织跟踪检查。

"常务委员会的执法检查报告及审议意见,人民政府、监察委员会、人民法院或者人民检察院对其研究处理情况或者执行决议情况的报告,向本级人民代表大会代表通报并向社会公布。"

二十五、将第二十八条改为第三十八条,修改为:"行政法规、监察法规、地方性法规、自治条例和单行条例、规章等的备案、审查和撤销,依照《中华人民共和国立法法》和全国人民代表大会常务委员会的有关决定办理。"

二十六、将第二十九条改为第四十条,修改为:"县级以上地方各级人民代表大会常务委员会审查、撤销下一级人民代表大会及其常务委员会作出的不适当的决议、决定和本级人民政府、监察委员会、人民法院、人民检察院制定的不适当的规范性文件的程序，由省、自治区、直辖市的人民代表大会常务委员会参照《中华人民共和国立法法》和全国人民代表大会常务委员会的有关决定，作出具体规定。"

二十七、将第三十二条改为第四十二条，修改为："国务院、中央军事委员会、国家监察委员会和省、自治区、直辖市的人民代表大会常务委员会认为最高人民法院、最高人民检察院作出的具体应用法律的解释同宪法或者法律相抵触，或者存在合宪性、合法性问题的，最高人民法院、最高人民检察院之间认为对方作出的具体应用法律的解释同宪法或者法律相抵触，或者存在合宪性、合法性问题的，可以向全国人民代表大会常务委员会书面提出进行审查的要求，由全国人民代表大会有关专门委员会和常务委员会工作机构进行审查、提出意见。

"前款规定以外的其他国家机关和社会团体、企业事业组织以及公民认为最高人民法院、最高人民检察院作出的具体应用法律的解释同宪法或者法律相抵触的，可以向全国人民代表大会常务委员会书面提出进行审查的建议，由常务委员会工作机构进行审查；必要时，送有关专门委员会进行审查、提出意见。

"全国人民代表大会有关专门委员会、常务委员会工作机构可以对报送备案的具体应用法律的解释进行主动审查,并可以根据需要进行专项审查。"

二十八、将第三十三条改为第四十三条,修改为:"全国人民代表大会宪法和法律委员会、有关专门委员会、常务委员会工作机构经审查认为最高人民法院或者最高人民检察院作出的具体应用法律的解释同宪法或者法律相抵触,或者存在合宪性、合法性问题需要修改或者废止,而最高人民法院或者最高人民检察院不予修改或者废止的,应当提出撤销或者要求最高人民法院或者最高人民检察院予以修改、废止的议案、建议,或者提出由全国人民代表大会常务委员会作出法律解释的议案、建议,由委员长会议决定提请常务委员会审议。"

二十九、增加两条,分别作为第四十四条、第四十五条:

"第四十四条 备案审查机关应当建立健全备案审查衔接联动机制,对应当由其他机关处理的审查要求或者审查建议,及时移送有关机关处理。

"第四十五条 常务委员会应当每年听取和审议备案审查工作情况报告。"

三十、将第六章章名修改为"询问、专题询问和质询"。

三十一、增加四条,分别作为第四十七条、第四十八条、第四十九条、第五十条:

"第四十七条 各级人民代表大会常务委员会围绕关系改革发展稳定大局和群众切身利益、社会普遍关注的重大问题,可以召开全体会议、联组会议或者分组会议,进行专题询问。本级人民政府及其有关部门、监察委员会、人民法院或者人民检察院的负责人应当到会,听取意见,回答询问。

"第四十八条 专题询问应当坚持问题导向,增强针对性、实效性,积极回应社会关切。

"专题询问可以结合审议专项工作报告、执法检查报告或者其他报告进行。

"第四十九条 常务委员会开展专题询问前,可以组织开展专题调查研究,深入了解情况,广泛听取意见。

"常务委员会办事机构应当及时将有关专题调查研究报告和汇总的有关方面意见发给常务委员会组成人员。

"第五十条 专题询问中提出的意见交由有关国家机关研究处理,有关国家机关应当及时向常务委员会提交研究处理情况报告。必要时,委员长会议或者主任会议可以决定将研究处理情况报告提请常务委员会审议。"

三十二、对部分条文作以下修改:

(一)在第八条第一款、第九条、第十一条、第十二条第一款、第十三条、第十四条、第三十四条、第三十五条第一款、第四十五条第一款中的"人民法院"之前增加"监察委员会",在第四十四条中的"本级人民政府其他组成人员和"之后增加"监察委员会副主任、委员"。

（二）将第九条第一款中的"根据下列途径"修改为"根据有关法律的规定和下列途径"。

（三）将第十五条第三款中的"调整数或者变更数"修改为"调整预算数"，"实际执行数"修改为"决算数"。

（四）将第二十一条中的"规划"修改为"规划纲要"。

（五）在第二十二条、第二十五条、第二十六条第二款第一项中的"法律、法规"后增加"或者相关法律制度"。

（六）删去第二十四条第一款中的"根据年度执法检查计划"，在第二款中的"本级人民代表大会有关专门委员会组成人员"后增加"或者常务委员会有关工作机构的人员"。

（七）将第三十条中的"本级人民政府发布的决定、命令"修改为"本级人民政府、监察委员会、人民法院、人民检察院制定的规范性文件"。

本决定自公布之日起施行。

《中华人民共和国各级人民代表大会常务委员会监督法》根据本决定作相应修改并对条文顺序作相应调整，重新公布。

中华人民共和国各级人民代表大会常务委员会监督法

（2006年8月27日第十届全国人民代表大会常务委员会第二十三次会议通过　根据2024年11月8日第十四届全国人民代表大会常务委员会第十二次会议《关于修改〈中华人民共和国各级人民代表大会常务委员会监督法〉的决定》修正）

目　录

第一章　总　　则
第二章　听取和审议专项工作报告
第三章　财政经济工作监督
第四章　法律法规实施情况的检查
第五章　规范性文件的备案审查

第六章　询问、专题询问和质询
第七章　特定问题调查
第八章　撤职案的审议和决定
第九章　附　　则

第一章　总　　则

第一条　为了保障全国人民代表大会常务委员会和县级以上地方各级人民代表大会常务委员会依法行使监督职权,坚持好、完善好、运行好人民代表大会制度,发展社会主义民主政治,推进全面依法治国,根据宪法,制定本法。

第二条　各级人民代表大会常务委员会依据宪法和有关法律的规定,行使监督职权。

各级人民代表大会常务委员会行使监督职权的程序,适用本法;本法没有规定的,适用有关法律的规定。

第三条　各级人民代表大会常务委员会行使监督职权,应当坚持中国共产党的领导,坚持以马克思列宁主义、毛泽东思想、邓小平理论、"三个代表"重要思想、科学发展观、习近平新时代中国特色社会主义思想为指导,坚持中国特色社会主义道路,确保宪法和法律、法规得到全面有效实施,确保行政权、监察权、审判权、检察权依法正确行使。

第四条 各级人民代表大会常务委员会行使监督职权,应当围绕党和国家工作大局,以经济建设为中心,坚持改革开放,贯彻新发展理念,推动高质量发展,保障全面建设社会主义现代化国家、以中国式现代化全面推进中华民族伟大复兴。

第五条 全国人民代表大会常务委员会监督宪法和法律的实施,地方各级人民代表大会及其常务委员会在本行政区域内保证宪法、法律、行政法规和上级人民代表大会及其常务委员会决议的遵守和执行,维护国家法治统一、尊严、权威。

第六条 各级人民代表大会常务委员会对本级人民政府、监察委员会、人民法院和人民检察院的工作实施监督,实行正确监督、有效监督、依法监督,促进依法行政、依法监察、公正司法。

各级人民政府、监察委员会、人民法院和人民检察院应当严格依法行使职权、履行职责、开展工作,自觉接受本级人民代表大会常务委员会的监督。

第七条 各级人民代表大会常务委员会行使监督职权,应当坚持和发展全过程人民民主,尊重和保障人权,维护和促进社会公平正义。

各级人民代表大会常务委员会应当扩大人民代表大会代表对监督工作的参与,充分发挥代表作用。

第八条 各级人民代表大会常务委员会按照民主集中制的原则,集体行使监督职权。

第九条 各级人民代表大会常务委员会行使监督职权的情况，应当向本级人民代表大会报告，接受监督。

第十条 各级人民代表大会常务委员会行使监督职权的情况，向社会公开。

第二章 听取和审议专项工作报告

第十一条 各级人民代表大会常务委员会每年选择若干关系改革发展稳定大局和群众切身利益、社会普遍关注的重大问题，有计划地安排听取和审议本级人民政府、监察委员会、人民法院和人民检察院的专项工作报告。

第十二条 常务委员会听取和审议本级人民政府、监察委员会、人民法院和人民检察院的专项工作报告的议题，根据有关法律的规定和下列途径反映的问题确定：

（一）本级人民代表大会常务委员会在执法检查中发现的突出问题；

（二）本级人民代表大会代表对人民政府、监察委员会、人民法院和人民检察院工作提出的建议、批评和意见集中反映的问题；

（三）本级人民代表大会常务委员会组成人员提出的比较集中的问题；

（四）本级人民代表大会专门委员会、常务委员会工作机构在调查研究中发现的突出问题；

（五）人民来信来访集中反映的问题；

（六）社会普遍关注的其他问题。

人民政府、监察委员会、人民法院和人民检察院可以向本级人民代表大会常务委员会要求报告专项工作。

常务委员会根据法律规定，听取和审议本级人民政府关于环境状况和环境保护目标完成情况的报告。

第十三条 常务委员会听取和审议专项工作报告前，委员长会议或者主任会议可以组织本级人民代表大会常务委员会组成人员和本级人民代表大会代表，对有关工作进行视察或者专题调查研究。

常务委员会可以安排参加视察或者专题调查研究的代表列席常务委员会会议，听取专项工作报告，提出意见。

常务委员会听取和审议专项工作报告前，本级人民代表大会有关专门委员会或者常务委员会有关工作机构可以进行专题调查研究，提出报告并印发常务委员会会议。

第十四条 常务委员会听取和审议专项工作报告前，常务委员会办事机构应当将各方面对该项工作的意见汇总，交由本级人民政府、监察委员会、人民法院或者人民检察院研究并在专项工作报告中作出回应。

第十五条　人民政府、监察委员会、人民法院或者人民检察院应当在常务委员会举行会议的二十日前，由其办事机构将专项工作报告送交本级人民代表大会有关专门委员会或者常务委员会有关工作机构征求意见；人民政府、监察委员会、人民法院或者人民检察院对报告修改后，在常务委员会举行会议的十日前送交常务委员会。

常务委员会办事机构应当在常务委员会举行会议的七日前，将专项工作报告发给常务委员会组成人员。

第十六条　专项工作报告由人民政府、监察委员会、人民法院或者人民检察院的负责人向本级人民代表大会常务委员会报告，人民政府也可以委托有关部门负责人向本级人民代表大会常务委员会报告。

委员长会议或者主任会议可以决定将报告交有关专门委员会审议。

第十七条　常务委员会组成人员对专项工作报告的审议意见交由本级人民政府、监察委员会、人民法院或者人民检察院研究处理。人民政府、监察委员会、人民法院或者人民检察院应当将研究处理情况由其办事机构送交本级人民代表大会有关专门委员会或者常务委员会有关工作机构征求意见后，向常务委员会提出书面报告。常务委员会认为必要时，可以对专项工作报告作出决议；本级人民政府、监察委员会、人民法院或者人民检察院应当在决议规定的期限内，将执行决议的情况向常务委员会报告。

委员长会议或者主任会议可以决定将审议意见研究处理情况或者执行决议情况的报告提请常务委员会审议。必要时，常务委员会可以组织开展跟踪监督。

常务委员会听取的专项工作报告及审议意见，人民政府、监察委员会、人民法院或者人民检察院对审议意见研究处理情况或者执行决议情况的报告，向本级人民代表大会代表通报并向社会公布。

第三章　财政经济工作监督

第十八条　本法所称财政经济工作监督，是指常务委员会依法对下列事项进行监督：

（一）审查和批准本级决算；

（二）国民经济和社会发展五年规划纲要实施情况，国民经济和社会发展计划执行情况；

（三）预算执行情况；

（四）审查和批准国民经济和社会发展五年规划纲要、计划的调整方案；

（五）审查和批准预算调整方案；

（六）国有资产管理情况；

（七）政府债务管理情况；

（八）金融工作情况；

（九）预算执行和其他财政收支的审计工作情况、

审计查出问题整改情况；

（十）财政经济领域其他重要事项。

第十九条 国务院应当在每年六月，将上一年度的中央决算草案提请全国人民代表大会常务委员会审查和批准。

县级以上地方各级人民政府应当在每年六月至九月期间，将上一年度的本级决算草案提请本级人民代表大会常务委员会审查和批准。

决算草案应当按照本级人民代表大会批准的预算所列科目编制，按预算数、调整预算数以及决算数分别列出，并作出说明。

第二十条 国务院和县级以上地方各级人民政府应当在每年六月至九月期间，向本级人民代表大会常务委员会报告本年度上一阶段国民经济和社会发展计划、预算的执行情况。

第二十一条 常务委员会根据《中华人民共和国预算法》和全国人民代表大会常务委员会的有关决定，确定对决算草案和预算执行情况报告的重点审查内容。

第二十二条 国民经济和社会发展计划、预算经人民代表大会批准后，在执行过程中需要作部分调整的，国务院和县级以上地方各级人民政府应当将调整方案提请本级人民代表大会常务委员会审查和批准。

第二十三条 国民经济和社会发展五年规划纲要经

人民代表大会批准后，在实施的中期阶段，人民政府应当将规划纲要实施情况的中期评估报告提请本级人民代表大会常务委员会审议。规划纲要经中期评估需要调整的，人民政府应当将调整方案提请本级人民代表大会常务委员会审查和批准。

第二十四条　常务委员会应当对国有资产管理情况进行监督，建立健全国有资产管理情况报告制度。

国务院和县级以上地方各级人民政府应当每年向本级人民代表大会常务委员会报告国有资产管理情况。

第二十五条　常务委员会应当对政府债务进行监督，建立健全政府债务管理情况报告制度。

国务院和县级以上地方各级人民政府应当每年向本级人民代表大会常务委员会报告政府债务管理情况。

第二十六条　常务委员会应当对金融工作进行监督，建立健全金融工作情况报告制度。

国务院应当每年向全国人民代表大会常务委员会报告金融工作有关情况。

第二十七条　常务委员会每年审查和批准决算的同时，听取和审议本级人民政府提出的审计机关关于上一年度预算执行和其他财政收支的审计工作报告。

常务委员会在听取和审议审计工作报告后的六个月内，听取和审议本级人民政府关于审计查出问题整改情况的报告。常务委员会认为必要时，可以对审计工作报告、审计查出问题整改情况报告作出决议。

第二十八条　常务委员会开展财政经济工作监督，可以组织开展专题调查研究，提出报告。

专题调查研究报告印发常务委员会会议；必要时，委员长会议或者主任会议可以决定将有关专题调查研究报告提请常务委员会审议。

第二十九条　常务委员会组成人员对本章规定的有关报告的审议意见交由本级人民政府研究处理。人民政府应当将研究处理情况由其办事机构送交本级人民代表大会有关专门委员会或者常务委员会有关工作机构征求意见后，向常务委员会提出书面报告。常务委员会认为必要时，可以对有关报告作出决议；本级人民政府应当在决议规定的期限内，将执行决议的情况向常务委员会报告。

委员长会议或者主任会议可以决定将审议意见研究处理情况或者执行决议情况的报告提请常务委员会审议。必要时，常务委员会可以组织开展跟踪监督。

常务委员会听取的本章规定的有关报告及审议意见，人民政府对审议意见研究处理情况或者执行决议情况的报告，向本级人民代表大会代表通报并向社会公布。

第三十条　常务委员会运用现代信息技术开展联网监督，建立健全信息共享和工作贯通协调机制，提高财政经济工作监督效能。

第四章　法律法规实施情况的检查

第三十一条　各级人民代表大会常务委员会参照本法第十二条规定的途径，每年选择若干关系改革发展稳定大局和群众切身利益、社会普遍关注的重大问题，有计划地对有关法律、法规或者相关法律制度实施情况组织执法检查。

第三十二条　常务委员会执法检查工作由本级人民代表大会有关专门委员会或者常务委员会有关工作机构具体组织实施。

执法检查前，本级人民代表大会有关专门委员会或者常务委员会有关工作机构可以对重点问题开展专题调查研究。

第三十三条　常务委员会按照精干、效能的原则，组织执法检查组。

执法检查组的组成人员，从本级人民代表大会常务委员会组成人员以及本级人民代表大会有关专门委员会组成人员或者常务委员会有关工作机构的人员中确定，并可以邀请本级人民代表大会代表参加。

第三十四条　全国人民代表大会常务委员会和省、自治区、直辖市的人民代表大会常务委员会根据需要，可以委托下一级人民代表大会常务委员会对有关法律、法规或者相关法律制度在本行政区域内的实施情况进行检查。受委托的人民代表大会常务委员会应当将检查情况书面报送上一级人民代表大会常务委员会。

上级人民代表大会常务委员会根据需要，可以与下级人民代表大会常务委员会联动开展执法检查。

有关地方人民代表大会常务委员会根据区域协调发展的需要，可以协同开展执法检查。

第三十五条　执法检查可以采取座谈会、实地检查、第三方评估、问卷调查或者抽查等形式，深入了解情况，广泛听取意见。

第三十六条　执法检查结束后，执法检查组应当及时提出执法检查报告，由委员长会议或者主任会议决定提请常务委员会审议。

执法检查报告包括下列内容：

（一）对所检查的法律、法规或者相关法律制度实施情况进行评价，提出执法中存在的问题和改进执法工作的建议；

（二）对有关法律、法规提出修改完善的建议。

第三十七条　常务委员会组成人员对执法检查报告的审议意见及执法检查报告交由本级人民政府、监察委员会、人民法院或者人民检察院研究处理。人民政府、监察委员会、人民法院或者人民检察院应当将研究处理情况由其办事机构送交本级人民代表大会有关专门委员会或者常务委员会有关工作机构征求意见后，向常务委员会提出书面报告。常务委员会认为必要时，可以对执法检查报告作出决议；本级人民政府、监察委员会、人民法院或者人民检察院应当在决议规定的期限内，将执行决议的情况向常务委员会报告。

委员长会议或者主任会议可以决定将人民政府、监察委员会、人民法院或者人民检察院对执法检查报告及审议意见研究处理情况或者执行决议情况的报告提请常务委员会审议。必要时，常务委员会可以组织跟踪检查，也可以委托本级人民代表大会有关专门委员会或者常务委员会有关工作机构组织跟踪检查。

常务委员会的执法检查报告及审议意见，人民政府、监察委员会、人民法院或者人民检察院对其研究处理情况或者执行决议情况的报告，向本级人民代表大会代表通报并向社会公布。

第五章　规范性文件的备案审查

第三十八条　行政法规、监察法规、地方性法规、自治条例和单行条例、规章等的备案、审查和撤销，依照《中华人民共和国立法法》和全国人民代表大会常务委员会的有关决定办理。

第三十九条　县级以上地方各级人民代表大会常务委员会对下一级人民代表大会及其常务委员会作出的决议、决定和本级人民政府、监察委员会、人民法院、人民检察院制定的规范性文件，经审查，认为有下列不适

当的情形之一的,有权予以撤销:

(一)超越法定权限,限制或者剥夺公民、法人和其他组织的合法权利,或者增加公民、法人和其他组织的义务的;

(二)同法律、法规规定相抵触的;

(三)有其他不适当的情形,应当予以撤销的。

第四十条 县级以上地方各级人民代表大会常务委员会审查、撤销下一级人民代表大会及其常务委员会作出的不适当的决议、决定和本级人民政府、监察委员会、人民法院、人民检察院制定的不适当的规范性文件的程序,由省、自治区、直辖市的人民代表大会常务委员会参照《中华人民共和国立法法》和全国人民代表大会常务委员会的有关决定,作出具体规定。

第四十一条 最高人民法院、最高人民检察院作出的属于审判、检察工作中具体应用法律的解释,应当自公布之日起三十日内报全国人民代表大会常务委员会备案。

第四十二条 国务院、中央军事委员会、国家监察委员会和省、自治区、直辖市的人民代表大会常务委员会认为最高人民法院、最高人民检察院作出的具体应用法律的解释同宪法或者法律相抵触,或者存在合宪性、合法性问题的,最高人民法院、最高人民检察院之间认为对方作出的具体应用法律的解释同宪法或者法律相抵触,或者存在合宪性、合法性问题的,可以向全国人民代表大会常务委员会书面提出进行审查的要求，由全国人民代表大会有关专门委员会和常务委员会工作机构进行审查、提出意见。

前款规定以外的其他国家机关和社会团体、企业事业组织以及公民认为最高人民法院、最高人民检察院作出的具体应用法律的解释同宪法或者法律相抵触的，可以向全国人民代表大会常务委员会书面提出进行审查的建议，由常务委员会工作机构进行审查；必要时，送有关专门委员会进行审查、提出意见。

全国人民代表大会有关专门委员会、常务委员会工作机构可以对报送备案的具体应用法律的解释进行主动审查，并可以根据需要进行专项审查。

第四十三条 全国人民代表大会宪法和法律委员会、有关专门委员会、常务委员会工作机构经审查认为最高人民法院或者最高人民检察院作出的具体应用法律的解释同宪法或者法律相抵触，或者存在合宪性、合法性问题需要修改或者废止，而最高人民法院或者最高人民检察院不予修改或者废止的，应当提出撤销或者要求最高人民法院或者最高人民检察院予以修改、废止的议案、建议，或者提出由全国人民代表大会常务委员会作出法律解释的议案、建议，由委员长会议决定提请常务委员会审议。

第四十四条 备案审查机关应当建立健全备案审查衔接联动机制，对应当由其他机关处理的审查要求或者审查建议，及时移送有关机关处理。

第四十五条　常务委员会应当每年听取和审议备案审查工作情况报告。

第六章　询问、专题询问和质询

第四十六条　各级人民代表大会常务委员会会议审议议案和有关报告时，本级人民政府或者有关部门、监察委员会、人民法院或者人民检察院应当派有关负责人员到会，听取意见，回答询问。

第四十七条　各级人民代表大会常务委员会围绕关系改革发展稳定大局和群众切身利益、社会普遍关注的重大问题，可以召开全体会议、联组会议或者分组会议，进行专题询问。本级人民政府及其有关部门、监察委员会、人民法院或者人民检察院的负责人应当到会，听取意见，回答询问。

第四十八条　专题询问应当坚持问题导向，增强针对性、实效性，积极回应社会关切。

专题询问可以结合审议专项工作报告、执法检查报告或者其他报告进行。

第四十九条　常务委员会开展专题询问前，可以组织开展专题调查研究，深入了解情况，广泛听取意见。

常务委员会办事机构应当及时将有关专题调查研究报告和汇总的有关方面意见发给常务委员会组成人员。

第五十条　专题询问中提出的意见交由有关国家机关研究处理，有关国家机关应当及时向常务委员会提交研究处理情况报告。必要时，委员长会议或者主任会议可以决定将研究处理情况报告提请常务委员会审议。

第五十一条　全国人民代表大会常务委员会组成人员十人以上联名，省、自治区、直辖市、自治州、设区的市人民代表大会常务委员会组成人员五人以上联名，县级人民代表大会常务委员会组成人员三人以上联名，可以向常务委员会书面提出对本级人民政府及其部门和监察委员会、人民法院、人民检察院的质询案。

质询案应当写明质询对象、质询的问题和内容。

第五十二条　质询案由委员长会议或者主任会议决定交由受质询的机关答复。

委员长会议或者主任会议可以决定由受质询机关在常务委员会会议上或者有关专门委员会会议上口头答复，或者由受质询机关书面答复。在专门委员会会议上答复的，提质询案的常务委员会组成人员有权列席会议，发表意见。委员长会议或者主任会议认为必要时，可以将答复质询案的情况报告印发常务委员会会议。

第五十三条　提质询案的常务委员会组成人员的过半数对受质询机关的答复不满意的，可以提出要求，经委员长会议或者主任会议决定，由受质询机关再作答复。

第五十四条　质询案以口头答复的，由受质询机关的负责人到会答复。质询案以书面答复的，由受质询机关的负责人签署。

第七章　特定问题调查

第五十五条　各级人民代表大会常务委员会对属于其职权范围内的事项，需要作出决议、决定，但有关重大事实不清的，可以组织关于特定问题的调查委员会。

第五十六条　委员长会议或者主任会议可以向本级人民代表大会常务委员会提议组织关于特定问题的调查委员会，提请常务委员会审议。

五分之一以上常务委员会组成人员书面联名，可以向本级人民代表大会常务委员会提议组织关于特定问题的调查委员会，由委员长会议或者主任会议决定提请常务委员会审议，或者先交有关的专门委员会审议、提出报告，再决定提请常务委员会审议。

第五十七条　调查委员会由主任委员、副主任委员和委员组成，由委员长会议或者主任会议在本级人民代表大会常务委员会组成人员和本级人民代表大会代表中提名，提请常务委员会审议通过。调查委员会可以聘请有关专家参加调查工作。

与调查的问题有利害关系的常务委员会组成人员和其他人员不得参加调查委员会。

第五十八条　调查委员会进行调查时，有关的国家机关、社会团体、企业事业组织和公民都有义务向其提供必要的材料。

提供材料的公民要求对材料来源保密的，调查委员会应当予以保密。

调查委员会在调查过程中，可以不公布调查的情况和材料。

第五十九条 调查委员会应当向产生它的常务委员会提出调查报告。常务委员会根据报告，可以作出相应的决议、决定。

第八章　撤职案的审议和决定

第六十条 县级以上地方各级人民代表大会常务委员会在本级人民代表大会闭会期间，可以决定撤销本级人民政府个别副省长、自治区副主席、副市长、副州长、副县长、副区长的职务；可以撤销由它任命的本级人民政府其他组成人员和监察委员会副主任、委员，人民法院副院长、庭长、副庭长、审判委员会委员、审判员，人民检察院副检察长、检察委员会委员、检察员，中级人民法院院长，人民检察院分院检察长的职务。

第六十一条 县级以上地方各级人民政府、监察委员会、人民法院和人民检察院，可以向本级人民代表大会常务委员会提出对本法第六十条所列国家机关工作人员的撤职案。

县级以上地方各级人民代表大会常务委员会主任会议，可以向常务委员会提出对本法第六十条所列国家机关工作人员的撤职案。

县级以上地方各级人民代表大会常务委员会五分之一以上的组成人员书面联名，可以向常务委员会提出对本法第六十条所列国家机关工作人员的撤职案，由主任会议决定是否提请常务委员会会议审议；或者由主任会议提议，经全体会议决定，组织调查委员会，由以后的常务委员会会议根据调查委员会的报告审议决定。

第六十二条　撤职案应当写明撤职的对象和理由，并提供有关的材料。

撤职案在提请表决前，被提出撤职的人员有权在常务委员会会议上提出申辩意见，或者书面提出申辩意见，由主任会议决定印发常务委员会会议。

撤职案的表决采用无记名投票的方式，由常务委员会全体组成人员的过半数通过。

第九章　附　　则

第六十三条　各级人民代表大会常务委员会制定年度监督工作计划，加强工作统筹，综合运用听取和审议专项工作报告、执法检查、专题询问、专题调研等方式进行监督，增强监督工作的针对性、协调性、实效性。

年度监督工作计划由委员长会议或者主任会议通过

并向社会公布。

年度监督工作计划可以根据实际需要作出适当调整。

第六十四条 省、自治区、直辖市的人民代表大会常务委员会可以根据本法和有关法律,结合本地实际情况,制定实施办法。

第六十五条 本法自2007年1月1日起施行。

关于《中华人民共和国各级人民代表大会常务委员会监督法（修正草案）》的说明

——2023年12月25日在第十四届全国人民代表大会常务委员会第七次会议上

全国人大常委会法制工作委员会副主任　武　增

委员长、各位副委员长、秘书长、各位委员：

我受委员长会议委托，作关于《中华人民共和国各级人民代表大会常务委员会监督法（修正草案）》的说明。

一、修改监督法的必要性和重大意义

监督权是宪法赋予人大的一项重要职权，人大监督是党和国家监督体系的重要组成部分。《中华人民共和国各级人民代表大会常务委员会监督法》是2006年8月十届全国人大常委会第二十三次会议通过的。监督法的颁布施行，对各级人大常委会依法行使监督职权，健全监督机制，增强监督实效，发挥人民代表大会制度的特点和优势，具有重要意义。党的十八大以来，以习近平同志为核心的党中央从坚持和发展中国特色社会主义的全局和战略高度，对坚持和完善人民代表大会制度、健全党和国家监督体系进行顶层设计，对人大监督作出一系列重大部署，推进一系列重大工作，取得历史性成就。2021年10月，党中央召开中央人大工作会议，对新时代坚持和完善人民代表大会制度、加强和改进人大工作作出全面部署。习近平总书记明确指出："用好宪法赋予人大的监督权，实行正确监督、有效监督、依法监督。"党的二十大报告提出，支持和保证人大及其常委会依法行使监督权，健全人大对行政机关、监察机关、审判机关、检察机关监督制度，维护国家法治统一、尊严、权威。

监督法是各级人大常委会行使监督权的重要法律依据。深入贯彻习近平新时代中国特色社会主义思想特别是习近平法治思想、习近平总书记关于坚持和完善人民代表大会制度的重要思想，践行全过程人民民主重大理念，落实党中央重大决策部署和中央人大工作会议精神，有必要认真总结监督法施行以来特别是党的十八大以来人大监督工作实践经验，适应新形势新要求，对监督法作出修改完善，进一步明确人大监督的指导思想和原则理念，健全监督体制机制和方式方法，增强监督针对性、实效性，更好发挥人大监督作用，为贯彻新发展理念，推动高质量发展，保障全面建设社会主义现代化国家、以中国式现代化全面推进中华民族伟大复兴提供有力支撑。

（一）修改监督法是新时代加强党对人大监督工作的全面领导、保证党的路线方针政策和决策部署贯彻执行的必然要求

中国共产党领导是中国特色社会主义最本质的特征。人大监督是在党的领导下，代表国家和人民进行的具有法律效力的监督，是对权力的监督；人大监督的目的，是促进和推动党中央决策部署的贯彻落实，维护国家法治统一、尊严、权威。2019年《中共中央关于加强党的政治建设的意见》提出，坚持党总揽全局、协调各方，建立健全坚持和加强党的全面领导的制度体系；制定和修改有关法律法规要明确规定党领导相关工作的法律地位。根据2018年宪法修正案，修改监督法，完善关于坚持党和国家指导思想的规定，突出强调人大行使监督权应当坚持中国共产党的领导，坚持中国特色社会主义道路，有利于确保人大监督始终站在党和国家事业发展的全局和战略高度，从党和国家根本利益、长远利益出发，把人大监督同支持有关国家机关依法行使职权、履行职责、开展工作有机统一起来，形成加强和

改进工作、推进事业发展的合力。这对于保证人大监督始终坚持正确的政治方向，保证党的路线方针政策和决策部署在有关国家机关得到全面贯彻和有效执行，具有重要意义。

(二) 修改监督法是新时代坚持和发展全过程人民民主、健全人民当家作主制度体系的客观要求

发展全过程人民民主，保障人民当家作主，是党中央明确提出的任务要求。人民通过人民代表大会行使国家权力，各级人大都由民主选举产生，对人民负责、受人民监督；各级行政机关、监察机关、审判机关、检察机关都由人大产生，对人大负责、受人大监督。人大监督工作必须坚持深入贯彻全过程人民民主重大理念和实践要求，确保在监督工作各个环节都能够听到来自人民的声音、都能够代表人民的意志、反映人民的意愿，积极回应人民群众新期待，最大限度吸纳民意、汇集民智。人大行使监督权，实行正确监督、有效监督、依法监督，充分体现了全过程人民民主的特点和要求，充分彰显了中国特色社会主义民主政治的独特优势。修改监督法，明确坚持和发展全过程人民民主，有利于拓展和健全人民群众有序参与、表达意愿关切的途径和形式，丰富我国人民当家作主的生动实践，从制度上保证人大监督始终为了人民、依靠人民、造福人民、保护人民。

（三）修改监督法是深入总结实践经验、坚持好完善好运行好人民代表大会制度的客观要求

监督法实施以来，各级人大常委会围绕党和国家工作大局开展监督工作，形成不少好的经验做法，人大监督工作不断得到加强和改进，人民代表大会制度不断得到巩固和发展。特别是党的十八大以来，以习近平同志为核心的党中央高度重视人民代表大会制度建设，对推进新时代人大工作高质量发展作出一系列重大决策部署，推动人大监督工作与时俱进、完善发展。2021年11月，党中央印发《中共中央关于新时代坚持和完善人民代表大会制度、加强和改进人大工作的意见》，提出一系列新举措新要求。近年来，在党中央领导下，人大监督工作不断得到加强、改进和提升。如人大对预算决算审查、国有资产管理、审计查出问题整改、政府债务等财政经济工作监督不断拓展和深化，执法检查不断取得新成效，专题询问扎实开展，备案审查工作取得重要进展和明显成效。修改监督法，需要认真总结这些行之有效的好经验好做法，及时确立为法律制度机制，从而更好地为各级人大常委会行使监督职权、开展监督工作提供法治保障，推动人民代表大会制度这一国家根本政治制度更加成熟、更加定型。

（四）修改监督法是坚持全面依法治国、在法治轨道上推进国家治理体系和治理能力现代化的客观要求

坚持和完善人民代表大会制度，建设社会主义法治

国家，一个重要原则和制度设计的基本要求就是任何国家机关及其工作人员的权力都要受到监督和制约。更好发挥人大监督在党和国家监督体系中的重要作用，必须让权力在阳光下运行，用制度的笼子管住权力，用法治的缰绳驾驭权力。修改监督法，就是要贯彻全面依法治国战略部署，进一步明确全国人大常委会监督宪法和法律的实施，地方各级人大及其常委会在本行政区域内保证宪法、法律、行政法规和上级人大及其常委会决议的遵守和执行，确保宪法和法律、法规得到有效实施，确保行政权、监察权、审判权、检察权依法正确行使，促进依法行政、依法监察、公正司法，维护国家法治统一、尊严、权威。这对于新时代坚持全面依法治国，全面推进国家各方面工作法治化，提高国家治理法治化水平，更好发挥法治固根本、稳预期、利长远的保障作用，具有重要意义。

二、修改监督法的总体要求、主要原则和工作过程

修改监督法，必须高举中国特色社会主义伟大旗帜，坚持以习近平新时代中国特色社会主义思想为指导，深入贯彻习近平法治思想、习近平总书记关于坚持和完善人民代表大会制度的重要思想，坚持党的领导、人民当家作主、依法治国有机统一，认真总结新时代人大监督工作实践经验，适应新形势新要求，健全人大监督体制机制，更好发挥人民代表大会制度的根本政治制度作用。

修法工作遵循的主要原则：一是坚持正确政治方向，坚持和加强党对人大监督工作的全面领导，认真贯彻落实党中央决策部署和中央人大工作会议精神，通过完善人大监督制度机制保障党的路线方针政策和党中央决策部署的全面贯彻和有效执行。二是深入贯彻全过程人民民主重大理念和实践要求，坚持和发展全过程人民民主，通过修改监督法充分发挥人大的民主民意表达平台和载体作用，充分发挥人大代表的重要作用，健全吸纳民意、汇集民智工作机制，健全人民当家作主制度体系。三是坚持问题导向、实践导向，认真总结监督法施行以来特别是党的十八大以来人大监督工作的成功经验和有益做法，完善人大监督制度机制；对于缺乏实践经验或者尚未形成基本共识的内容，不作修改；对一些只在基层或者部分地方进行探索的做法，一般不在监督法中作规定。四是坚持法制统一，遵循和贯彻宪法规定、宪法原则和宪法精神，注意协调处理好同近年来已经修改完善的全国人大组织法、全国人大议事规则、地方组织法、立法法等法律和全国人大常委会有关决定的关系，保持法律规范衔接协调，保证法律体系和谐统一。

根据立法工作安排，全国人大常委会法工委于2021年下半年启动监督法修改工作。主要做了以下工作：一是深入学习领会习近平总书记关于坚持和完善党和国家监督体系重要论述，认真研究贯彻党的十八大以来党中央关于加强和改进人大监督工作的重大决策部署和工作要求。二是组织对修改监督法有关问题开展专题研究，认真梳理近年来全国人大代表和政协委员提出的有关议案、建议和提案，认真梳理近年来修改完善的有关组织法、立法法、议事规则和有关决定相关内容。三是向部分省（区、市）和设区的市的人大常委会、基层立法联系点书面发函，征求对修改监督法的意见和建议。四是到浙江、江西、四川、云南、安徽、山东、广东、山西、北京等地进行调研，深入了解近年来地方人大开展监督工作的新实践新经验。五是系统梳理监督法施行以来全国人大常委会和地方各级人大常委会开展监督工作情况和经验做法，分专题对监督法有关内容进行深入研究，委托高端智库进行相关课题研究。六是形成监督法修正草案征求意见稿，征求中央和国家有关部门、全国人大各专门委员会和常委会工作机构以及部分省（区、市）和设区的市的人大常委会、基层立法联系点的意见和建议。在此基础上，形成了修正草案。

三、修正草案的主要内容

监督法修正草案共30条，主要修改内容如下：

（一）完善人大监督的指导思想、重要原则和核心理念。一是在现行监督法第三条关于指导思想的规定中，增加"科学发展观、习近平新时代中国特色社会主义思想"等内容，并增加规定：各级人大常委会行使监督职权应当"贯彻新发展理念，推动高质量发展，保障全面建设社会主义现代化国家、以中国式现代化全面推进中华民族伟大复兴"。二是增加一条规定：全国人大常委会监督宪法和法律的实施，地方各级人大及其常委会在本行政区域内保证宪法、法律、行政法规和上级人大及其常委会决议的遵守和执行，维护国家法治统一、尊严、权威。三是明确常委会对"一府一委两院"工作实施监督，实行正确监督、有效监督、依法监督的原则；并增加规定：各级人民政府、监察委员会、人民法院和人民检察院应当严格依法行使职权、履行职责、开展工作，接受本级人大常委会的监督。四是增加一条规定：各级人大常委会行使监督职权，应当坚持和发展全过程人民民主，尊重和保障人权，维护和促进社会公平正义；各级人大常委会应当扩大人大代表对监督工作的参与，充分发挥代表作用。

（二）完善听取和审议专项工作报告的制度机制。一是将监督法第二章章名修改为"听取和审议专项工作报告"，包括各级人民政府、监察委员会、人民法院、人民检察院等向本级人大常委会作的各类专项工作报告。二是在有关条文中增加规定：根据常委会的工作安排，本级人大有关专门委员会或者常委会有关工作机构可以先期进行专题调查研究，提出报告；常委会听取和审议专项工作报告时，有关专题调查研究报告一并印发会议。三是在有关条文中增加规定：委员长会议或者主任会议可以决定将审议意见研究处理情况或者执行决议情况的报告提请常委会会议进行审议；必要时，可以组织本级人大有关专门委员会或者常委会有关工作机构开展跟踪监督。

（三）完善人大财政经济工作监督的内容和机制。一是将监督法第三章章名修改为"财政经济工作监督"，使之表述简洁、主旨鲜明；同时，增加一条规定，明确"财政经济工作监督"的内容。二是明确国有资产管理情况报告制度，增加一条规定：常委会应当加强对国有资产管理情况的监督，建立健全监督机制，实行全口径、全覆盖国有资产管理情况报告制度；国务院应当在每年十月向全国人大常委会报告上一年度国有资产管理的情况。县级以上地方各级人民政府应当按照本级人大常委会工作安排，每年向常委会报告上一年度国有资产管理的情况。三是明确对政府债务情况的监督，增加一条规定：常委会应当加强对政府债务的监督，建立健全政府债务情况报告制度。四是明确对金融工作情况的监督，增加一条规定：全国人大常委会加强对金融工作的监督。国务院应当在每年十月向全国人大常委会报告金融工作有关情况。五是在有关条文中增加规定：常委会听取和审议审计查出问题整改情况的报告，必要时可以对审计工作报告、审计查出问题整改情况报告作出决议。六是增加一条规定：常委会开展财政经济工作监督，可以组织本级人大有关专门委员会或者常委会有关工作机构开展专题调查研究，提出报告；专题调查研究报告印发常委会会议；必要时，委员长会议

45

或者主任会议可以决定将有关专题调查研究报告提请常委会会议进行审议。七是增加一条规定：常委会运用现代信息技术开展联网监督，建立健全信息共享和工作贯通协调机制，提高财政经济工作监督效能。

（四）完善人大执法检查工作机制。一是在有关条文中增加规定：上级人大常委会根据需要，可以组织下级人大常委会联动开展执法检查；有关地方人大常委会根据区域协调发展的需要，可以协同开展执法检查。二是增加一条规定：执法检查前，本级人大有关专门委员会可以对重点问题开展调查研究，深入了解情况，广泛听取意见。三是在有关条文中增加规定：常委会可以对执法检查报告作出决议；本级人民政府、监察委员会、人民法院或者人民检察院应当在决议规定的期限内，将执行决议的情况向常委会报告；委员长会议或者主任会议可以决定将执法检查报告和审议意见研究处理情况或者执行决议情况的报告提请常委会会议进行审议；必要时，常委会可以组织跟踪检查，也可以委托本级人大有关专门委员会或者常委会有关工作机构组织跟踪检查。

（五）完善人大备案审查制度。对法规、规章、司法解释和其他规范性文件实行备案审查，是宪法和法律规定的一项重要制度。总结近年来的实践经验，对监督法第五章"规范性文件的备案审查"有关规定进行补充、完善。一是将地方各级监察委员会、人民法院、人民检察院制定的不适当的规范性文件纳入常委会审查、撤销的范围。二是将"国家监察委员会"纳入可以对司法解释提出审查要求的国家机关的范围，并增加规定：全国人大有关专门委员会、常委会工作机构可以对报送备案的具体应用法律的解释进行主动审查或者专项审查。三是健全对司法解释的审查机制，明确司法解释备案审查工作中的合宪性审查要求，对宪法和法律委员会、有关专门委员会、常委会工作机构审查司法解释的程序作出完善。四是总结近年来的实践经验，增加一条规定：常委会应当每年听取和审议备案审查工作情况报告。

（六）增加规定专题询问。将"专题询问"纳入监督法第六章章名中，并增加四条，分别作出规定：一是各级人大常委会围绕关系改革发展稳定大局和群众切身利益、社会普遍关注的重大问题，可以召开联组会议、分组会议，进行专题询问。本级人民政府或者有关部门、监察委员会、人民法院或者人民检察院的负责人应当到会，听取意见，回答询问。二是专题询问应当坚持问题导向，增强针对性、实效性，积极回应社会关切；专题询问可以结合审议专项工作报告进行，也可以结合审议执法检查报告或者其他报告进行。三是常委会开展专题询问前，可以组织本级人大有关专门委员会或者常委会有关工作机构开展专题调查研究，深入了解情况，广泛听取意见；常委会办事机构应当及时将有关专题调查研究报告和汇总的有关方面意见发给常委会组成人员。四是专题询问中提出的意见交由有关国家机关研究处理，有关国家机关应当及时向常委会提交研究处理情况报告。必要时，委员长会议或者主任会议可以决定将研究处理情况报告提请常委会会议进行审议。

（七）体现国家机构改革相关要求。一是在有关条款中增加"监察委员会"及相关内容。二是将有关条文中的"法律委员会"修改为"宪法和法律委员会"。

（八）明确常委会监督工作计划。根据多年来的实践做法，将监督法有关条款的内容进行整合，在附则中增加一条规定：各级人大常委会制定年度监督工作计划，加强工作统筹，增强监督工作的针对性、协调性、实效性；年度监督工作计划由委员长会议或者主任会议通过并向社会公布。

监督法修正草案和以上说明是否妥当，请审议。

全国人民代表大会宪法和法律委员会关于《中华人民共和国各级人民代表大会常务委员会监督法（修正草案）》审议结果的报告

全国人民代表大会常务委员会：

常委会第七次会议对监督法修正草案进行了初次审议。会后，法制工作委员会将修正草案印发中央有关部门、各省（自治区、直辖市）和部分设区的市人大常委会以及部分基层立法联系点、高等院校、研究机构征求意见，并在中国人大网全文公布修正草案，征求社会公众意见。宪法和法律委员会、法制工作委员会联合召开座谈会，就修正草案中的主要问题听取中央有关部门和部分省市人大常委会、专家学者、新闻媒体的意见；

到江西、浙江等地调研，听取意见。宪法和法律委员会于10月8日召开会议，根据常委会组成人员审议意见和各方面的意见，对修正草案进行了逐条审议。常委会办公厅有关负责同志列席了会议。10月25日，宪法和法律委员会召开会议，再次进行了审议。宪法和法律委员会认为，党的二十届三中全会决定明确提出：健全人大对行政机关、监察机关、审判机关、检察机关监督制度，完善监督法及其实施机制。认真贯彻落实党的二十届三中全会决定精神，及时对监督法进行修改是必要的，修正草案经过审议修改，已经比较成熟。同时，提出以下主要修改意见：

一、修正草案第七条对年度监督工作计划作了规定。有的意见提出，制定监督工作计划应当统筹考虑各种监督方式，增加监督工作的针对性、协调性、实效性；有的常委委员提出，为及时贯彻落实党中央决策部署，回应社会关切，监督工作计划应当具备一定的灵活性。宪法和法律委员会经研究，建议增加规定：制定年度监督工作计划，"综合运用听取和审议专项工作报告、执法检查、专题询问、专题调研等方式进行监督"；同时，增加一款规定："年度监督工作计划可以根据实际需要作出适当调整"。

二、有的常委委员、地方、基层立法联系点和代表提出，根据环境保护法的规定，每年听取和审议环境保护状况和环境保护目标完成情况报告，在各级人大常委会监督工作中已经实现常态化、固定化，建议在监督法中予以体现。宪法和法律委员会经研究，建议增加规定："常务委员会根据法律规定，听取和审议本级人民政府关于环境状况和环境保护目标完成情况的报告。"

三、修正草案第十四条规定："常务委员会应当加强对政府债务的监督，建立健全政府债务情况报告制度。"有的常委会组成人员、地方建议，应当明确常委会每年听取政府债务管理情况的报告。宪法和法律委员会经研究，建议增加规定："国务院和县级以上地方各级人民政府应当每年向本级人民代表大会常务委员会报告政府债务管理情况。"

四、有的常委会组成人员提出，执法检查有很多好的实践做法，如第三方评估、问卷调查等，建议在监督法中予以明确。宪法和法律委员会经研究，建议在第四章增加一条规定："执法检查可以采取座谈会、实地检查、第三方评估、问卷调查或者抽查等形式，深入了解情况，广泛听取意见。"

五、有的意见提出，立法法、全国人大常委会关于完善和加强备案审查制度的决定等对建立健全备案审查衔接联动机制作了规定，建议在监督法中增加相关规定。宪法和法律委员会经研究，建议在第五章中增加一条规定："备案审查机关应当建立健全备案审查衔接联动机制，对应当由其他机关处理的审查要求或者审查建议，及时移送有关机关处理。"

此外，还对修正草案作了一些文字修改。

10月16日，法制工作委员会召开会议，邀请部分地方人大常委会、基层立法联系点、专家学者就修正草案中主要制度规范的可行性、法律出台时机等进行评估。与会人员普遍认为，修正草案贯彻党的二十大和二十届三中全会决策部署，落实中央人大工作会议精神和习近平总书记在庆祝全国人民代表大会成立70周年大会上的重要讲话精神，总结吸收实践经验，对健全人大监督机制，增强监督实效，更好发挥人大监督作用，具有重要意义。修正草案经过修改，充分吸收了各方面意见，已经比较成熟，建议审议通过。与会人员还对修正草案提出了一些具体修改意见，经研究，对有的意见予以采纳。

宪法和法律委员会已按上述意见提出了全国人民代表大会常务委员会关于修改《中华人民共和国各级人民代表大会常务委员会监督法》的决定（草案），建议提请本次常委会会议审议通过。

修改决定草案和以上报告是否妥当，请审议。

全国人民代表大会宪法和法律委员会
2024年11月4日

全国人民代表大会宪法和法律委员会关于《全国人民代表大会常务委员会关于修改〈中华人民共和国各级人民代表大会常务委员会监督法〉的决定(草案)》修改意见的报告

全国人民代表大会常务委员会：

  本次常委会会议于11月5日下午对关于修改监督法的决定草案进行了分组审议。普遍认为，修改决定草案已经比较成熟，建议进一步修改后，提请本次常委会会议表决通过。同时，有些常委会组成人员和列席人员还提出了一些修改意见和建议。宪法和法律委员会于11月5日晚召开会议，逐条研究了常委会组成人员和列席人员的审议意见，对修改决定草案进行统一审议。

常委会办公厅有关负责同志列席了会议。宪法和法律委员会认为，修改决定草案是可行的，同时，提出以下修改意见：

一、有的常委委员提出，党的二十届三中全会决定强调：坚持好、完善好、运行好人民代表大会制度，建议将这一精神在监督法中予以体现。宪法和法律委员会经研究，建议在修改决定草案第一条中增加"坚持好、完善好、运行好人民代表大会制度"的内容。

二、有的常委委员提出，实践中，常委会听取和审议专项工作报告前，由有关专门委员会对专项工作报告进行审议，建议将这一做法在监督法中予以明确。宪法和法律委员会经研究，建议在现行监督法第十三条增加一款规定："委员长会议或者主任会议可以决定将报告交有关专门委员会审议。"

三、有的常委委员提出，修改决定草案对专项工作报告的跟踪监督作了规定。实践中，财政经济工作监督也有跟踪监督的做法，为进一步增强财政经济工作监督的实效性，建议增加跟踪监督的有关内容。宪法和法律委员会经研究，建议在修改决定草案第十八条增加一款规定："委员长会议或者主任会议可以决定将审议意见研究处理情况或者执行决议情况的报告提请常务委员会审议。必要时，常务委员会可以组织开展跟踪监督。"

经研究，建议将本决定的施行时间确定为公布之日。

此外，根据常委会组成人员的审议意见，还对修改决定草案作了一些文字修改。

修改决定草案修改稿已按上述意见作了修改，宪法和法律委员会建议提请本次常委会会议审议通过。

修改决定草案修改稿和以上报告是否妥当，请审议。

全国人民代表大会宪法和法律委员会
2024年11月7日